Johannes Schmidtner

Jonni und der Glücksdrache

Johannes Schmidtner

Jonni
und der
Glücksdrache

3. Nachauflage

2015 © Johannes Schmidtner
www.lauschkonzerte.org

ISBN: 978-3-7386-1961-4

Die Deutsche Nationalbibliothek verzeichnet diese Publikation
in der Deutschen Nationalbibliografie; detaillierte bibliografische Daten
sind im Internet über www.dnb.de abrufbar.

Lektorat: Urte Knefeli-Zemp
Buchgestaltung und Cover: Marion Musenbichler, www.layART.li
Umschlagmotiv: © fotolia.com/gow27
Illustrationen: © fotolia.com/cirodelia

Herstellung und Verlag: BoD – Books on Demand, Norderstedt
Made in Germany

Nebel des Vergessens

Auf einem kleinen, aber sehr fruchtbaren Planeten mitten im Universum gibt es ein großes Volk, eine große Anzahl von Lebewesen, die sich Menschen nennen. Bei diesem Volk geschieht etwas Eigenartiges, von dem diese Geschichte erzählt.

Alle Menschlinge, die dort geboren werden, heißen Kinder. Sie tragen ein leuchtendes Zeichen auf der Stirn: einen feuerspeienden Drachen, den niemand sieht, nur ihr eigener Blick, der noch aus einem unschuldigen, reinen Universum schaut.

Ist das Kind müde, schläft der Drache; ist es fröhlich, so lacht er; ist es traurig, so hängen die Köpfe beider fast bis zum Boden. Beide denken das Gleiche, fühlen das Gleiche und handeln entsprechend. Wenn das Kind Hunger hat, schreit es, so laut es kann, und der Drache gibt ihm die Kraft dazu. Wenn es Kummer hat, weint es aus Leibeskräften.

Die kleinen Menschlinge und ihre Drachen sind willensstark, begeistert in ihrem Tun und schaffen fast alles, was sie sich vornehmen. Sie sind unaufhaltsam und unzertrennlich!

Jeder kennt die Kraft eines Drachen und kann sich diese Kinder vorstellen. Sie haben Mut und Ausdauer, strahlen wie die Sonne selbst und verteilen ihre Lebensfreude an alle um sich herum.

Nun geschieht bei diesen Erdplanetenbewohnern jedoch etwas Ungewöhnliches, etwas Unerklärliches. Je größer und älter die dort lebenden Kinder werden, desto mehr verblasst das Zeichen auf der Stirn. Und je mehr dieses Zeichen verblasst, desto seltsamer werden die Kinder. Sie schreien plötzlich nicht mehr so laut und weinen auch nicht mehr so kräftig.

Im Umgang mit den Erwachsenen – so nennt man die großen Menschen dieses Planeten – lernen sie im Laufe der Zeit, dass man Liebe und Anerkennung nur bekommt, wenn man still und folgsam alle Anweisungen erfüllt.

Spontane Gefühle werden mehr bestraft als belohnt. Der Ort ihrer Empfindsamkeit fühlt sich an wie ein Pfuhl des Leidens, in dem die Mitmenschen ständig herumrühren und Schmerz verursachen. Aufkeimende Lebenskräfte werden durch Gewalt besiegt; ein Instrument, das die Erwachsenen anwenden, um sich gegen die Drachenkraft durchzusetzen. Wer versucht, sich dieser Gewalt zu entziehen, oder sich wehrt, der bekommt etwas, was man auf diesem Planeten Erziehung nennt.

Dabei lernt man, sich anzupassen, das heißt, anders zu sprechen, als man denkt, und anders zu handeln, als man fühlt. Das Ergebnis wird Normalität beziehungsweise Gesellschaftsfähigkeit genannt.

So verlieren die Kinder nach und nach ihre Sensibilität für Wahrheit, Gerechtigkeit und zuallerletzt auch ihre Lebensfreude. Sie nennen das in ihrer Umgangssprache »Langeweile« oder »Burn-out«.

Tatsächlich spuckt der Drache kein Feuer mehr und ist im wahrsten Sinne des Wortes »burnt out«, ausgebrannt. Er ist nämlich unfähig, anders zu leben und zu handeln, als er tatsächlich denkt und fühlt. Für ihn ist nur ein authentisches Leben lebbar. Drachen sind individuell und einzigartig. Die Kinder dieses Planeten sollten jedoch alle gleich sein, manipulierbar und steuerbar. Warum, das weiß niemand so genau und soll vielleicht auch niemand wissen. Traurigerweise beginnt der Drache langsam in ein Niemandsland zu verschwinden, das man Unterbewusstsein nennt. Besser gesagt, die Kinder verstecken ihn dort, um ihn in Sicherheit zu bringen. Dieses Land ist jedoch so dunkel, dass viele ihr eigenes Versteck nicht mehr finden.

Und somit geschieht das große Unheil! Sobald einige Jahre seit der Kindheit vergangen sind, legt sich der Nebel des Vergessens und Verdrängens über die Erinnerung. Aus Kindern werden Erwachsene.

Die Pubertät verwandelt und verändert sie. Dieser Prozess vollzieht sich relativ schnell und unwiderruflich. Er löscht alle intuitiven Fähigkeiten und auch den tiefen Blick, der zuvor Drachen auf der Stirn, Feen und Zauberer erkennen konnte. Danach sieht sie niemand mehr, fast niemand. Die Zauberwelt der Kindheit ist vorüber!

Das Einzige, was zurückbleibt, ist ein Gefühl der Leere, die ständig gefüllt werden möchte. Um dieses Unglück zu beseitigen, werden Gegenstände gekauft, die aber nur vorübergehend Freude bringen, Freunde und Freundinnen gesucht, um nicht alleine zu sein. Und letztendlich wünschen sich viele der großen Lebewesen wiederum Kinder, die ihre Hoffnungen erfüllen sollen, aber letztendlich nur dem gleichen Schicksal unterliegen.

Ist dieses ständige »Habenwollen« vielleicht ein Suchen nach dem verlorenen Glück, ein »Zurück-habenwollen« des versteckten Glücksdrachen? Was auch immer es sei, niemand konnte diesem unheilvollen Schicksal entrinnen.

Bis zu jenem denkwürdigen Nachmittag, an dem die Sonne etwas heller schien als sonst.

Der große Seher

Alle vernünftigen Bewohner des Planeten, die sogenannten Erwachsenen, gingen ihrer vernünftigen Arbeit nach. Die kleinen unvernünftigen Drachenkinder tollten auf dem großen gepflasterten Marktplatz ihrer kleinen Stadt, während die größeren Schulkinder gerade das Vernunfthaus verließen, das auch Schule genannt wurde.

Da kam gemächlichen Schritts ein Fremder, den niemand zuvor gesehen hatte, die Hauptstraße herunter. Trotz seines scheinbar hohen Alters bewegte er sich erstaunlich leicht und sicher. In der rechten Hand trug er einen Wanderstab; auf dem Rücken einen ledernen Rucksack. Sein aufrechter Gang strahlte Würde und Wahrhaftigkeit aus. Zielstrebig ging er dem Marktbrunnen entgegen, scheinbar in dem Bestreben, dort Wasser zu schöpfen.

Die Einheimischen beäugten ihn neugierig von allen Seiten, jedoch so heimlich und verstohlen, wie man es unter Erwachsenen eben gelernt hatte. Der Alte ließ sich davon nicht beeindrucken und schritt seines Weges.

Am Brunnen angekommen, ließ er den Eimer mit der Schnur tief in den Brunnen hinab. Die Kinder, die inzwischen herbeigeeilt waren und keine Scheu zeigten, kicherten laut, da sie wussten, dass der Brunnen gerade kein Wasser barg. Der heiße Sommer hatte ihn ausgetrocknet. Zuvor diente er noch als kühle Erfrischung, besonders für eben solche Wanderer wie ihn.

Der Alte zog den Eimer wieder hoch, stellte ihn neben dem Brunnen ab und spritzte zur Freude der Kinder den Inhalt über deren Köpfe hinweg. »Mehr, mehr«, riefen sie und hüpften voller Erwartung hin und her, kreuz und quer.

Der Wanderer stimmte mit ein und schöpfte Eimer für Eimer aus der Tiefe. Keines der Kinder fragte sich, woher das Wasser kam; sie freuten sich nur, dass es da war – wie aus heiterem Himmel.

Die vernünftigen Stadtbewohner hatten inzwischen die Aufregung am Brunnen bemerkt und besahen sich distanziert und misstrauisch die Situation, während die Kinder bereits wieder einem kleinen Hund nachjagten, der ihre Aufmerksamkeit auf sich gezogen hatte.

Ein sehr neugieriger Erwachsener machte sich zögernd daran, einen Blick in den Brunnen zu werfen, und seine Reaktion ließ nicht lange auf sich warten. »Leute! Wasser! Der Brunnen hat Wasser! Kommt her! Schaut! Das ist unmöglich!«

Eine große Welle der Hysterie ging durch die Stadt. Leute kamen herbeigeeilt und staunten. Andere liefen nach Hause, um das scheinbare Wunder zu verkünden. Bald war auch schon der Bürgermeister vor Ort und schüttelte ungläubig den Kopf.

Unbeeindruckt von der Aufregung saß der Alte inzwischen auf einer Bank in der Nähe, er hatte seinen Hut neben sich gelegt und packte seine Brotzeit aus. Er schlug ein Bein über das andere und biss genüsslich in einen Apfel.

Inzwischen war eine große Menschenmenge versammelt, die sich gegenseitig mit wilden Gesten und Lauten das Unmögliche erzählte. Langsam bildete sich ein großer Halbkreis von Schaulustigen um die Bank, auf der sich der Alte niedergelassen hatte. Nachdem niemand den Mut fasste, etwas zu sagen, trat der Bürgermeister mit erhobenem Kopf, aber höflich nach vorne und fragte: »Lieber Herr, wer sind Sie, woher kommen Sie und wie kommt das Wasser in unseren Brunnen?«

Der Alte blickte nun ringsum in die Menge, als ob er die Köpfe der Anwesenden nach etwas Bestimmtem absuchen wollte.

Danach wandte er sich dem Fragenden zu und antwortete: »Entschuldigen Sie, dass ich Ihre Stadt in solche Aufregung versetze. Ich bin nur gekommen, weil ich gerufen wurde. Und ich werde wieder gehen, wenn es erfüllt ist. Man nennt mich ›Seher‹, und ich wandere umher, um Fragen zu beantworten.

Und wie das Wasser in den Brunnen kam? Hm, naja, ich weiß nur, dass die Kinder ihre Freude daran hatten. Vielleicht deshalb!«

Diese Antwort verursachte nun noch mehr Verwirrung in den Gehirnen der Anwesenden. Doch alle nickten verständnisvoll, da die weisen Worte eines Sehers scheinbar nur von intelligenten Wesen verstanden werden konnten. Und da wollte jeder dazugehören – besonders der Bürgermeister. Und wenn nun schon einmal ein Seher in der Stadt war, der Fragen beantwortete, so galt es, die eigene Intelligenz durch intelligente Fragen zur Schau zu stellen.

Außerdem bot es eine gute Gelegenheit, sein Wissen zu erweitern, um noch wissender, noch schlauer und intellektueller zu werden.

Der Seher hatte viel zu tun, aber es war ihm eine Leichtigkeit, die passenden Antworten zu finden. Er hatte sie bereits parat, bevor die Fragen überhaupt gestellt wurden.

Seine Gabe der Vorausschau war verblüffend.

Eine ungewöhnliche Frage

Als es Abend wurde und alle Fragen beantwortet waren, wollte der Alte gerade weiterziehen. Da sah er einen kleinen Jungen stillschweigend hinter der Bank stehen. So angewurzelt wie er dastand, hatte er scheinbar den ganzen Nachmittag gespannt den Worten des Alten gelauscht.

Er war der Einzige, der noch nicht gegangen war. »Wie heißt du?«, fragte der Alte, und mit einer kurzen, schnellen Bewegung stand er dem Jüngling nun direkt gegenüber. Mit leiser und zögernder Stimme, den Blick zu Boden gerichtet, kam die Antwort: »Ich, ich heiße Jonni!«

»So schlimm ist dein Name doch nicht, dass du dich dafür schämen musst«, sagte der Weise mit verschmitzter Stimme und legte sanft die Hand auf die Schulter des Knaben. Wie ein Blitz durchzuckte es Jonni.

Zuerst erschrak er, doch gleich darauf breitete sich ein Gefühl in ihm aus, das er schon sehr lange nicht mehr spüren durfte. Es hatte Ähnlichkeit mit etwas, das man in seiner Sprache »Mut« nannte oder vielleicht »Selbstvertrauen«, ganz genau wusste er es nicht. Doch dieses Gefühl genügte, damit er dem vor ihm Stehenden in die Augen blicken konnte.

Ein mildes Lächeln strahlte ihm von dort entgegen! Ein Sonnenaufgang in einem menschlichen Gesicht! Eine Freude, die aufstieg und sich ausbreitete, um anzustecken!

»Warum war dieser Mann so fröhlich?«, dachte Jonni. War das Vorfreude?

Wusste der Wanderer vielleicht erneut im Voraus, dass auch er, der Schüchterne, eine Frage stellen wollte? Und kannte er vielleicht auch diese Frage bereits und höchstmöglich sogar die Antwort dazu?

Ein ungutes Gefühl in seinem Magen kroch langsam in Richtung Hals und hätte beinahe gereicht, seinen soeben erworbenen Mut zu ersticken. Gerade wenn er an seine Frage dachte, die wirklich alles andere als vernünftig war. Und unvernünftige Fragen sollte man nicht stellen, hatte er im Vernunfthaus gelernt. »Fantasien und Träumereien«, so sprach sein Lehrer, »sind Phänomene der Kindheit und gehören in den Kindergarten.«

Dort war Jonni aber schon lange nicht mehr – im Gegenteil, in einigen Jahren sollte er seinen Abschluss machen und den Beweis liefern, dass er ein guter Schüler gewesen war. Vielleicht war er eben keiner, sondern ein Phantast, ein Träumer, vielleicht war er wirklich der, für den ihn die Gelehrten vom Vernunfthaus hielten: ein Taugenichts!

Ein kurzer Blick in die Augen des Alten reichte, um diese dunklen Gedankenwolken zum Stillstand zu bringen, bevor es aus ihnen zu regnen begann. Er besann sich auf seine Frage, die ihn schon seit vielen Jahren quälte, und er wusste, dass kein hiesiger Erwachsener sie beantworten konnte. Seine Sehnsucht, eine Antwort darauf zu finden, war für ihn wie ein Gebet, das er täglich ins Universum schickte.

Ein Rest von Unsicherheit ließ ihm sein Herz fast in die Hosen fallen, und er traute es dem Seher zu, dass er den Aufprall hören könne. Diesen weisen Mann jedoch einfach ziehen zu lassen, ohne die Frage zu stellen, käme einem inneren Sterben gleich, einem Begräbnis der eigenen Intuition.

Wenn nicht jetzt, wann dann, wallte es in seinem Herzen auf und gab ihm die Kraft, Folgendes zu fragen:

»Können Sie mir sagen, wo mein Drache ist?«

Solche unvernünftigen Fragen bekam der Mann nur selten gestellt. Umso mehr freute er sich darüber und begab sich sogleich in die Stille, um die Antwort zu erlauschen. Es dauerte eine Weile, bis er seine Augen öffnete und die Bilder, die er in der Stille sah, zu Worten formte, zu Wasser des Lebens, das der Junge wie ein Schwamm in sich aufsog.

»Ein Ruf hat dich ereilt, mein Junge, der aus dem Land der Empfindsamkeit gesandt wurde, um das Unheil des Vergessens zu beenden. Das Erwachsenwerden hat dich weggeführt und mit Vernunft ausgestattet. Du hast etwas zurückgelassen, was zu dir gehört: deinen Glücksdrachen! Er möchte mit dir sein, denn das ist seine Bestimmung. Zusammen seid ihr auf diese Welt gekommen, um zusammen das Leben zu meistern. Ohne ihn lebst du nur halb; nur am Eingang einer tiefen Höhle, die ihr Menschen ›Leben‹ nennt.

Ihr kennt nicht die unendlichen Tiefen eures wahren Wesens. Ihr gebt euch zufrieden mit oberflächlichem Vergnügen. Dein Drache hingegen ist im Inneren dieser Höhle zu Hause, im Empfindungsvermögen. Dort wurde er von der rauen Menschenwelt so lange verletzt, bis du beschlossen hast, ihn zu schützen – und somit auch dich selbst.

So gingst du fort und hast hinter dir alles zugeschüttet, damit niemand mehr deinem Freund, dem Drachen, etwas zuleide tun konnte. Nicht er hat dich verlassen, sondern du ihn. Zwei Freunde sollten jedoch zusammen sein, denn gemeinsam sind sie stark! Der Drache hat keine Angst vor Gefühlen, ob sie nun angenehm oder unangenehm sind. Du jedoch, mein Junge, fürchtest dich davor, ohne es zu wissen, so wie die meisten deiner Mitmenschen, die ebenfalls ihren Drachen versteckt haben.

Es gehört ein unglaublicher Mut dazu, in die Tiefen seiner eigenen Empfindsamkeit vorzudringen, doch der Lohn dafür wird unendlich groß sein. Den verschütteten Drachen zu finden, bedeutet nämlich, eine gewaltige Kraft freizulegen, die darauf wartet, gelebt zu werden. Nur wenige wagen diese Reise in ihre eigene Verletzlichkeit.

Und jenen, die es geschafft haben, steht ein Zeichen auf der Stirn. Es durchstrahlt die ganze Menschenwelt und erweckt die Sehnsucht nach sich selbst. Deine Zeit ist gekommen, mein Junge, um den Drachen zu finden, darum hast du mich gerufen. Doch höre meine letzten Worte! Sie sind sehr wichtig!«

Nach einem Atemzug Pause begann der Alte, fast mit heiliger Stimme, seinen letzten Satz zu sprechen, indem er seine Hand auf den Kopf des Jungen legte. Hell und klar klangen jetzt seine Worte, als ob er dem Knaben sein scheinbar verlorenes Leben neu einhauchen wollte. »Sei tapfer und entschlossen, mein Junge! Lass dich durch nichts erschrecken und verliere nie den Mut, egal was kommen mag!«

Mit diesem Satz schloss der Alte sanft seine Augen, und zugleich erschien auf seiner Stirn ein feuerspeiender Drache, der so hell leuchtete, dass Jonni wie durch eine Sonne geblendet wurde.

Nachdem es ihm wieder möglich war, die Augen zu öffnen, war der alte Mann verschwunden. Nur seinen Hut schien er auf der Bank vergessen zu haben. Jonni nahm ihn an sich wie ein Geschenk des Himmels.

Langsam kullerte eine Träne seine Wange herab, die jedoch nicht mit Traurigkeit getränkt war, sondern mit Glück.

Die Suche beginnt

Die mit Kraft geladenen Worte, die er gehört hatte, hinterließen tiefe Spuren in seiner Seele. Immer wieder klang der letzte Satz, den der Seher gesprochen hatte, in seinen Ohren. Lange dauerte es, bis er seinen Heimweg, mit dem Hut in der Hand, antrat. Leider konnte er mit niemandem über dieses Erlebnis sprechen, da er der Einzige im Land und wahrscheinlich auf dem ganzen Planeten war, der noch ein Restgefühl von Drachenkraft in sich spürte. Doch reichte diese Kraft aus, um in dieses Land der Empfindsamkeit vorzudringen?

Es gab keine Wahl, wollte er sich und den zukünftigen Kindern und Jugendlichen die Leere ersparen, die ohne

Drachenkraft zwangsläufig als Loch in der Seele nach ständigem Füllen verlangte.

Ein pulsierender Ton machte sich in ihm breit: der Herzschlag des Kriegers, der gerade das Licht der Welt in ihm erblickte! Oder war es sein Drache?

Jedenfalls fühlte sich das Picken in seinem Herzen so an, als ob etwas aus einem Ei schlüpfen wolle, und Drachen schlüpfen ja aus Eiern, das hatte er bereits vor vielen Jahren in seinen geliebten Fantasybüchern gelesen.

Bei all der Aufregung bemerkte Jonni nicht, dass ihm der Hut des Alten, den er bei sich trug, inzwischen entglitten war. Erst als seine Gedanken langsam zur Ruhe kamen und noch einmal das Geschehene in Zeitlupe reflektierten, bemerkte er seinen Verlust. Er musste nicht weit zurückgehen. Da lag der Hut schon mitten auf dem Weg.

Gerade als er sich nach ihm bückte, entdeckte er eine Leuchtschrift, die ringsum im inneren Hutrand aufleuchtete. In der Vorahnung von etwas Geheimnisvollem und mit einem flauen Gefühl in der Bauchgegend las er folgende Worte: »Nicht jeder ist dazu bestimmt, diese Leuchtschrift zu sehen, nicht jeder ist dazu bestimmt, sie zu verstehen!«

Kaum hatte er diesen Satz gelesen, verblassten die Worte und sofort leuchtete eine neue Botschaft auf: »Den Drachen findet man nicht außen, sondern innen. Nicht in der Zukunft und nicht in der Vergangenheit; und kein Weg führt dorthin. Er wird sich von selbst offenbaren, sobald ein innerer Ruf sich nach ihm sehnt.«

Wiederum verblasste das Geschriebene, doch diesmal leuchtete keine neue Botschaft mehr auf.

Gern hätte Jonni weitergelesen, denn eigentlich hatte ihn das Gelesene mehr verwirrt, als ihm gezeigt, was er zu tun hatte. »Sobald ein innerer Ruf sich nach ihm sehnt«, stand da geschrieben. Was bedeutete das? Er wusste es nicht.

Vielleicht kann man es auch nicht wissen, blitzte ein Gedanke durch sein Gehirn und gab ihm die Gelassenheit, das Gelesene einfach wirken zu lassen, ohne darüber nachzudenken. In vollem Vertrauen, dass alles zum richtigen Zeitpunkt gut wird, nahm er den Hut nun fest an sich und hoffte, später weitere Hinweise zu erhalten, egal woher sie auch kommen mochten. Eines war sicher, sein Leben war innerhalb weniger Minuten auf den Kopf gestellt worden! Oder war es gerade das Gegenteil?

Stand es bisher vielleicht auf dem Kopf, und wurde es jetzt auf zwei standfeste Beine gestellt, die bereit waren, mit Intuition und Gefühl das verlorene Glück zu finden?

Rückkehr des Glücksdrachen

Als die Sonne an diesem Tag ihre Strahlen langsam zurückzog und sich rot schimmernd am Horizont von den Erdenbürgern verabschiedete, schien es, als wäre die Luft mit wundervoller Energie geschwängert. Rechtzeitig vor der Dunkelheit zu Hause angekommen, genoss Jonni noch einmal die Abendstimmung dieses besonderen Tages, bevor er ins Haus ging.

Sein verträumter Blick schweifte weit hinaus ins Universum und wurde von dessen Grenzenlosigkeit verschluckt. Seine Gedanken versanken im unendlichen Raum. »Wo bist du?«, flüsterte eine innere Stimme in ihm. »Wo bist du, mein Freund?«, klang ein Ruf tief in seiner Seele. Und just in diesem Augenblick ging am rötlich schimmernden Horizont ein funkelnder Stern auf, einer, den man bisher noch nie gesehen hatte.

Das Herz weit offen vor Staunen und mit Tränen in den Augen verfolgte er demütig diese Neugeburt, und zugleich offenbarten sich ihm unzählige, unendliche Lichter am Firmament.

Da begann es plötzlich zwischen seinen Augenbrauen zu jucken! Erst wenig, dann immer deutlicher. Und je länger er sternenversunken die Welt da draußen in sich aufnahm, desto kräftiger begann etwas auf seiner Stirn zu leuchten, genauso hell wie der neue Planet am Abendhimmel. Sein Glücksdrache war zurückgekehrt, strahlender und heller als je zuvor. Und mit ihm die Lebensfreude, die Hand in Hand mit dem Drachen aus der Eierschale schlüpfte.

Beide tanzten auf seiner Stirn einen Freudentanz der Befreiung. Jonni spürte, wie dieser Tanz zugleich eine innere Mauer zum Einsturz brachte, von der er bisher überhaupt keine Ahnung hatte, dass sie vorhanden war.

Und als er das Bild genauer ansah, das in ihm aufleuchtete, da stand neben der eingestürzten Mauer der alte Seher mit seinem Stock in der Hand und schlug gerade die letzten Steine aus der Wand.

Dabei grinste er übers ganze Gesicht und schien sichtlich zufrieden mit seiner Arbeit. »Dieses liebevolle Schlitzohr«, dachte Jonni, »das hat der Alte bestimmt alles im Voraus gewusst und mir nichts davon gesagt!«

Vielleicht war es aber notwendig, nichts zu wissen, um in dieses Niemandsland der Intuition überhaupt vordringen zu können, wo sein Drache auf ihn wartete. »Wahrscheinlich ist Wissen sogar ein großes Hindernis auf dem Weg zum Glück«, klang eine leise Stimme aus Jonnis Herz.

»Ja, so ist es«, bestätigte der Drache auf der Stirn und meldete sich mit diesen klaren Worten aus dem Niemandsland zurück.

In jener Nacht, in der ein glücklicher Junge und ein glücklicher Drache gemeinsam in ihrem Bett die Augen schlossen, huschte eine Sternschnuppe der Dankbarkeit durch das Universum und beendete einen schicksalhaften Tag.

Von diesem Tag an führte Jonni ein Glücksdrachenleben! Er wollte seinen Freund nie mehr verlieren und dazu musste er ehrlich werden, besonders zu sich selbst, mit allen dazugehörigen Konsequenzen. So oft es ging, bemühte er sich mit aller ihm zur Verfügung stehenden

Kraft, authentisch zu bleiben; das zu sagen, was er dachte, und das zu tun, was er sprach. Dies gelang ihm nur, weil er die Worte des großen Sehers nie mehr vergessen hatte. Sie ruhten wie ein Segen auf ihm.

Im Laufe der Zeit durfte er erfahren, dass Fantasie und Kreativität wichtige Eigenschaften sind, Schöpfungskräfte im Gehirn, welche die Grenzen des Verstandes überschreiten und dort eindringen können, wo die Vernunft keinen Zugang hat. Dort, wo die versteckten Glücksdrachen leben und darauf warten, von ihren Menschenfreunden gefunden zu werden.

Nach und nach wurden immer mehr Bewohner des Planeten Erde auf die Andersartigkeit des Jungen aufmerksam. Sie konnten sich nicht vorstellen, woher das Funkeln in seinen Augen kam und die kraftvolle Wirkung seiner Worte. Als sie ihn danach fragten, erzählte er immer wieder von seinem wunderbaren Erlebnis.

Und so kam es, dass sich die Geschichte von »Jonni und dem Glücksdrachen« auf den Weg machte, um alle Menschlinge und Erwachsenen, die noch einen Funken Drachenkraft in sich verspüren, an ihr verborgenes Glück zu erinnern. Damit man sie nicht wieder vergisst, so wie man vielleicht seinen Drachen vergessen hat, wurde sie aufgeschrieben. Zugleich steht sie jeden Abend am Firmament und funkelt zwischen den Sternen. Doch nur ein unschuldiger Blick hat die Möglichkeit, sie zu sehen, und nur eine sprudelnde Fantasie gibt die Voraussetzung, sie zu lesen.

Und die Botschaft zwischen den Zeilen lautet: »Seid tapfer und entschlossen, lasst euch durch nichts erschrecken, und verliert nie den Mut, egal was kommen mag!«

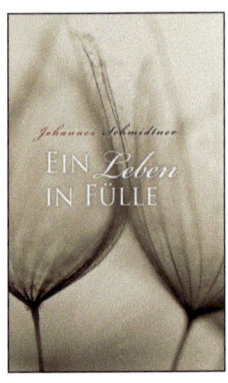

Ein Leben in Fülle

Aphorismen

Was ist das Nahrhafte der Erde, die Wärme des Feuers, das Ätherische der Luft und was die Feuchtigkeit des Wassers?

Die Antwort ergründen, das ist der Weg – das Dào –, sich elementar zu finden in erdiger, feuriger, luftiger und geschmeidiger Lebendigkeit, als Mensch im Menschsein.

Ein Buch, das sich dem Lebendigen widmet, das jedem Leben innewohnt.

Hardcover, 52 Seiten, ISBN: 978-3-7392-1836-6

Lauschkonzert »Spirituelle Poesie«

Auf dem weglosen Weg erlischt die Suche nach dem Ziel und ein Schmetterling seelischer Leichtigkeit lauscht dem Klang des Lebendigen.

Ein Buch voll spiritueller Poesie, aus der sich beim Lesen ein intuitives Lauschen entfaltet, das tiefgründig in sinnsuchende Lebensthemen hineinfühlt und klärend wirkt.

Das »Lauschkonzert« besteht aus zehn Gedichten, die einen Bewusstwerdungsprozess besingen, der als Suche beginnt und in die Endlosigkeit hinein endet.

Hardcover, 52 Seiten, ISBN: 978-3-7322-2600-9

Aus der Asche des Phönix

Ein Roman mit pädagogisch-philosophischem Tiefgang, der von seiner Thematik: »Bewusstwerdung und Persönlichkeit«, durchdrungen ist.

Tom, ein sechzehnjähriger Junge, entwickelt in seiner Pubertät eine starke Sehnsucht nach seinem Vater, der ihn und seine Mutter sehr früh verlassen hat. Die Frage, warum sein Vater in die Welt hinauszog und nie mehr zurückkehrte, lässt ihn nicht zur Ruhe kommen.

Deshalb macht sich Tom auf die Suche nach Antworten - eine Suche, die zur Heldenreise der eigenen Mannwerdung wird. Dieses Abenteuer führt ihn nicht nur zu seinem Vater, sondern auch zu sich selbst.

Durch seine leidvollen Erfahrungen, wird ein inneres Sterben seiner kindlichen Identität ausgelöst. Genau aus dieser Asche heraus entsteht der neue Phönix - seine neue Identität als Mann.

Paperback, 152 Seiten, ISBN: 978-3-7460-6145-0

Dem Leid ein Ende

Das, was sich durch Identifikation zu Leid verdichtet hat,
ist nicht von Dauer, da Gewordenes
keine endgültige Existenz besitzt.

Geh zurück an jenen Ort,
der du warst, bevor du wurdest,
und das Leidlose – die Präsenz – wird offenbar.

Dieses Buch stellt, durch Rückbesinnung auf das Wesentliche,
die herkömmlichen Denkmuster auf den Kopf.

Umkehr ist Veränderung und Veränderung ist Wandel!

Bestellung:
Dieses Buch ist jederzeit lieferbar über: www.lauschkonzerte.org

Paperback, 254 Seiten

Johannes Schmidtner

Johannes Schmidtner ist seit 30 Jahren in den Arbeitsbereichen Pädagogik, Psychologie und Philosophie tätig. Das Mensch-Sein zu ergründen ist sein Anliegen, das ihn motiviert, stets Neues auf diesen Gebieten zu erforschen und seine Erkenntnisse und Erfahrungen in Büchern und Vorträgen mitzuteilen.

Mit zahlreichen Metaphern gelingt es ihm, die Barrieren analytischen Denkens zu überwinden und das »Menschliche im Menschen« unmittelbar anzusprechen.

www.lauschkonzerte.org